Philipp Hartmann

Bilder für den Finger

Bilder für den Finger

Das Apple iOS-Design
zwischen Realismus und Abstraktion

von

Philipp Hartmann

Graphentis Verlag

Umschlagabbildung: Louis Dickhaut

ISBN: 978-3-942819-09-1

1. Auflage
© Graphentis Verlag e. K., München 2018
Herstellung: Books on Demand GmbH, Norderstedt

Inhalt

1. Mächtige Bilder

Das digitale Bild rückt näher an den Menschen. Dominierten Ende des 20. Jahrhunderts noch stationäre digitale Bildmedien in Form von aufstellbaren Monitoren, so setzte sich zum Beginn des 21. Jahrhunderts immer mehr die portable Elektronik durch. Auf einmal wurden Geräte, die zu immer umfangreicheren graphischen Darstellungen fähig waren, wie Spielekonsolen oder Mediaplayern, in der Tasche transportiert. Mit dem Siegeszug des Smartphones und, einige Jahre später, des Tablets wurde die Tastatur zu Gunsten eines, nun die gesamte Front des Gerätes einnehmenden, Bildschirms entfernt. Der nächste Schritt, das Tragen von digitalen Bildmedien am Körper, hat sich teilweise schon durchgesetzt. Ein Blick auf die Smartwatch verrät längst mehr als nur die Uhrzeit, Brillen mit digitalen Funktionen erweitern unsere Realität um die Darstellungen von komplexen Animationen.

Doch rückt das Bild nicht nur näher an den Menschen, auch seine Beziehung zu ihm hat sich geändert. Es soll längst nicht mehr nur angeschaut werden, stattdessen verwendet man es nun auch dem Bedienen des Gerätes, es ist interaktiv und wird als Steuereinheit eines Gerätes verwendet.

Schließlich widmen wir dem digitalen Bild auch eine große Aufmerksamkeit im Alltag. Wir nutzen unser Smartphone täglich rund zweieinhalb Stunden.[1]

---

[1] Schmidt, Lucia: „Es ist wie bei einer Sucht". Den ganzen Tag das Smartphone in der Hand – ist das noch gesund? Nein, sagt Alexander Markowetz, Autor des Buchs „Digitaler Burnout". Im Interview plädiert er für neue Regeln, die verhindern, dass uns die digitale Welt krank macht [01.10.2015], in: Frankfurter Allgemeine Zeitung, http://www.faz.net/aktuell/gesellschaft/gesundheit/alexander-markowetz-ueber-buch-digitaler-burnout-13825699.html?printPagedArticle=true#pageIndex_2 (01.07.2017).

Es ist klar, dass digitale Bilder mittlerweile einen wesentlichen Bestandteil unser Alltags ausmachen und unser Erleben von Wirklichkeit prägen. Um einen Beitrag zur Reflexion über diese Bilder und das Bildmedium des Multitouch-Displays zu liefern, ist Gegenstand dieser Untersuchung eine konkrete Smartphone-Software: das iOS-Betriebssystem der Firma Apple.

Diese Software wird im Folgenden einer kunsthistorischen Analyse unterzogen. Dabei soll herausgearbeitet werden, inwiefern diese grafische Benutzeroberfläche eigens für die Bedienung mit dem Finger gestaltet wurde und wie sie sich davon ausgehend weiterentwickelt hat. Dabei werden zwei verschiedene Design-Richtungen der Software betrachtet. Es wird danach gefragt, was die Voraussetzungen für die Entwicklung eines Smartphones mit Touch-Oberfläche waren, worin die Vorbilder der Designs bestehen und welches Bildverständnis ihnen zugrunde liegt. Anschließend soll das iOS-Design in breitere kunsthistorische Zusammenhänge eingeordnet werden. Schließlich werden Tendenzen seiner Weiterentwicklung betrachtet.

Die iOS-Software ist aus zwei Gründen von besonderem Interesse. Erstens war das im Jahr 2007 vorgestellte iPhone Vorbild für einen Großteil der heutigen Smartphone-Industrie. Zweitens nahm das Betriebssystem iOS von 2013 bis 2016 zehn bis zwanzig Prozent des Weltmarktes ein. Momentan bildet es, zusammen mit der Konkurrenzsoftware „Android" des Herstellers Google, das Oligopol für Smartphone-Software. Es kann in diesem Fall also von einflussreichen, „mächtigen" Bildern gesprochen werden kann, die einer Untersuchung bedürfen.[2]

Die Kunstgeschichte ist seit jeher mit dem Problem konfrontiert, dass sie, wenn sie sich mit den Werken einer Epoche, einer Re-

---

[2] Baker, Simon/Chau, Melissa/Jeronimo, Francisco/Kaur, Kiranjeet: Smartphone OS Market Share, 2016 Q3 [November 2016], International Data Corporation, http://www.idc.com/promo/smartphone-market-share (26.06.2017).

gion oder eines Künstlers auseinandersetzen möchte, nicht alle berücksichtigen kann. Dies ist auch hier der Fall, weswegen eine Auswahl von besonders aussagekräftigen Bildern getroffen wurde. Bei der angemessenen Archivierung und Reproduktion von Software hat sich bisher noch kein Standard etabliert. Deswegen wird auf Abbildungen von Software, „Screenshots", zurückgegriffen, wodurch das Moment der Interaktivität zwangsläufig beschnitten wird.[3]

---

[3] Zur Problematik von Rekonstruktion und Archivierung von Software siehe Doron Swade: Preserving Software in an Object-Centered Culture, in: Higgs, Edward (Hrsg.): History and Electronic Artifacts, Oxford 1998, S.195-206.

2. „The pointing device that we're all born with"[4]

Das iPhone, das im Jahr 2007 von der Firma Apple vorgestellt wurde, ist als Meilenstein in der der Entwicklung des Smartphones anzusehen. Das Besondere an dem Gerät war, dass es ein völlig neuartiges Bedienkonzept vorstellte: Es ersetzte die indirekte Bedienung des Computers per Maus durch die direkte Bedienung mittels des Fingers auf einem Multitouch-Display. Voraussetzung dafür war die Schaffung eines Systems, das die Technik des Computers überhaupt erst für eine breite Masse zugänglich machte. Dies geschah durch die Entwicklung der grafischen Benutzeroberfläche, deren Entstehung im Folgenden kurz skizziert sei.

Ein erster Schritt in Richtung der grafischen Mensch-Maschine-Interaktion stellt das Programm Sketchpad dar, das in den 60er Jahren von Ivan Sutherland im Rahmen seiner Doktorarbeit am Massachusetts Institute of Technology entwickelt wurde. Es ermöglichte das Zeichnen mit Hilfe eines Stifts auf dem Bildschirm eines Computers. Alan Blackwell und Kerry Rodden stellen im Vorwort zur Neuauflage der Arbeit fest:

> „[Sketchpad] made fundamental contributions in the area of human–computer interaction, being one of the first graphical user interfaces. It exploited the light-pen, predecessor of the mouse, allowing the user to point at and interact with objects displayed on the screen. This anticipated many of the interaction conventions of direct manipulation, including clicking

---

[4] Steve Jobs bei der Ankündigung des iPhone auf der Macworld in San Francisco im Jahr 2007, online abrufbar unter: https://web.archive.org/web/20070111120008/http://events.apple.com.edgesuite.net:80/j47d52oo/event/ (31.05.2017).

a button to select a visible object, and dragging to modify it."[5]

Den Grundstein für einen weiteren entscheidenden Beitrag legte das Unternehmen Xerox – ursprünglich Hersteller von Fotokopierern, als es 1970 das Palo Alto Research Center, kurz PARC, gründete. In Anlehnung an Nam June Paiks 1968 formulierte Vision einer „paperless society"[6], einer papierlosen Gesellschaft, die Informationen aller Art mittels Computern übermittelt, sollten im PARC Forschungen zum „Office of the Future", das ohne Papier auskommt, durchgeführt werden, um Xerox' Platz an der Spitze der Bürotechnik-Hersteller weiterhin zu sichern.[7] Die für die Weiterentwicklung des Personal Computers entscheidende Entwicklung im PARC war die Erfindung des Graphical User Interface, kurz GUI. Bis in die achtziger Jahre war es üblich, Rechner mittels Eingabe von Befehlen über die Tastatur in die Programmzeile zu steuern.[8] Die Innovation des GUI bestand darin, dass es virtuelle Objekte mit Hilfe einer Rastergrafik („bitmap") auf einem Bildschirm darstellt und die Interaktion

---

5 Sutherland, Ivan Edward: Sketchpad: A man-machine graphical communication system. New preface by Alan Blackwell and Kerry Rodden, Cambridge (Mass.) 2003, online abrufbar unter: http://www.cl.cam.ac.uk/techreports/UCAM-CL-TR-574.pdf (13.06.2017).

6 Paik, Nam June: Expanded Education for the Paperless Society, in: Magazine of the Institute of Contemporary Arts (6), London 1968.

7 Friedewald, Michael: Der Computer als Werkzeug und als Medium. Die geistigen und technischen Wurzeln des Personal Computers, Berlin/Diepholz 1999, S. 249-313.

8 Pflüger, Jörg: Konversation, Manipulation, Delegation: Zur Ideengeschichte der Interaktivität, in: Hellige, Hans Dieter (Hrsg.): Geschichten der Informatik. Visionen, Paradigmen, Leitmotive, Berlin/Heidelberg/New York 2004, S. 367-408.

mit diesen ermöglicht. Dies geschieht per Maus, mit deren Hilfe auf ein Objekt gezeigt und eine Aktion ausgeführt werden kann.[9] Beim nächsten Schritt, der Etablierung dieses neuen Systems, spielte das Unternehmen Apple bereits eine entscheidende Rolle. Durch den Verkauf von Aktien an Xerox erhielt eine Gruppe von Apple-Mitarbeitern die Gelegenheit, einen Einblick in die neuesten Entwicklungen des PARC zu erhalten. Schnell erkannten sie das Potential des Graphical User Interfaces und verbauten es im „Apple Lisa".[10] Mit dem „Lisa" – und einem Jahr später dem „Macintosh" – vermarktete Apple diese neue „sensomotorische Art der Computersteuerung"[11] in den achtziger Jahren auf geschickte Art und Weise, womit sich das GUI in den 1990er Jahren als Industriestandard etablierte. Apple bewarb den Macintosh in der Zeitschrift „Newsweek" mit dem Slogan „Of the 235 million people in America only a fraction can use a computer – Introducing Macintosh for the rest of us"[12]. Dass der Computer nicht nur für Eingeweihte, sondern auch für eine breite Masse von Menschen zugänglich werden muss, erkannte vor dem Marketingteam von Apple bereits Alan Kay. Als Mitglied der Forschergruppe des PARC wirkte er an der Entwick-

---

[9] Pratschke, Margarete: Interaktion mit Bildern. Digitale Bildgeschichte am Beispiel grafischer Benutzeroberflächen, in: Bredekamp, Horst: Das technische Bild: Kompendium zu einer Stilgeschichte wissenschaftlicher Bilder, Berlin 2008, S. 72.

[10] Schlender, Brent/Tetzeli, Rick: Becoming Steve Jobs. Vom Abenteurer zum Visionär, München 2015, S. 88-90.

[11] Wagner, Thomas: Think different. Der Nutzer und seine Lieblinge: von Äpfeln, Maschinen, Oberflächen, Magie under der Macht des Designs, in: Schulze, Sabine/Grätz, Ina (Hrsg.): Apple Design. Mit Beiträgen von Friedrich von Bories, Bernhard E. Bürdek, Ina Grätz, Harald Klinke, Bernd Poster, Henry Urbach, Thomas Wagner und Peter Zec, Ostfildern 2011, S. 33.

[12] Pratschke 2008, S. 69.

lung der Programmiersprache Smalltalk mit und bemerkte 1969 in seiner Dissertation:

> „It must be simple enough so that one does not have to become a systems programmer (one who understands the arcane rites) to use it."[13]

Einer breiten Masse wird die grafische Benutzeroberfläche verständlich, da sie sich visueller Metaphern und Konventionen bedient, die auf bekannte analoge Techniken rekurrieren. Dadurch wird der unanschauliche Prozess der digitalen Datenverarbeitung intuitiv verständlich.[14] Die Designer bei Xerox PARC entwarfen die Benutzeroberfläche eines Computers wie einen Schreibtisch, da sie der Meinung waren, Computer kämen in erster Linie im Büro zum Einsatz.[15] Die Icons[16] auf einem Desktop erklären ihre Funktion durch visuelle ÄÄhnlichkeit zu einem analogen Objekt mit der gleichen Funktion. Beispielsweise ist ein digitaler Ordner einer Aktenmappe nachgebildet und das Löschen von Dateien geschieht durch das Verschieben derselben in den digitalen Papierkorb. Diese Bildsprache ist aber nicht nur auf Icons beschränkt, auch der Begriff des „Schreibtisches" (Desktop), auf dem sich „Fenster" (Windows) wie über-

---

[13] Kay, Alan: The Reactive Engine, University of Utah 1969, S. 75.

[14] Manovich, Lev: The Language of New Media, Cambridge (Mass.) 2001, S. 89.

[15] Ebd.

[16] Der Begriff greift zurück auf die von Charles Sanders Peirce geprägte Unterscheidung von Ikon, Index und Symbol, womit die Relation eines Zeichen zum Bezeichneten differenziert wird. Ein Ikon ist ein Zeichen, dass das Bezeichnete imitiert oder nachbildet. Die Bedeutung eines Ikons muss nicht gelernt werden, sondern erschließt sich von selbst. Vgl. Nöth, Winfried: Bildsemiotik, in: Sachs-Hombach, Klaus (Hrsg.): Bildtheorien. Anthropologische und kulturelle Grundlagen des Visualistic Turn, Frankfurt am Main 2009, S. 243.

14

lappende Papierseiten verschieben lassen, arbeitet mit derartigen Metaphern.[17]

Den letzten Schritt stellte schließlich die Übertragung der grafischen Benutzeroberfläche auf ein Mobilgerät, das in der Hosentasche transportiert werden kann, dar. Als Vorreiter ist der im Jahr 2001 eingeführte iPod anzusehen, bei dem mit Hilfe des Click Wheel und einer übersichtlichen Menüstruktur auf einfache und schnelle Weise durch eine Vielzahl von Musikstücken navigiert wurde.[18] Die Überlegung, eine Telefonfunktionalität in den iPod einzubauen, führte schließlich weg vom Click Wheel hin zum Touchscreen.[19] Touch-Displays kamen bereits vor der Einführung des iPhones zum Einsatz, jedoch handelte es sich dabei um resistive Touchscreens, man brauchte daher für

> „die meisten Touch-Geräte, etwa für den Palm Pilot und für die Windows-Tablets […] einen Stift. Bildschirme, die nicht nur auf Stifte, sondern auch auf Finger reagierten – zum Beispiel in Geldautomaten – waren auf einfachen Druck beschränkt. Es gab kein Zusammenziehen und kein Zoomen, kein Wischen nach oben, unten, rechts oder links."[20]

Beim Multitouch-Display hingegen handelt es sich um einen kapazitiven Touchscreen, der die gleichzeitige Berührung durch mehrere Finger erkennt. Auf diese Weise kann man mit verschiedenen Fingergesten verschiedene Funktionen ansteuern.

---

[17] Pratschke 2008, S. 69.

[18] Schlender/Tetzeli 2015, S. 308-309.

[19] Tony Fadell und Scott Forstall im Interview mit dem Wall Street Journal: How the iPhone Was Born: Inside Stories of Missteps and Triumphs [25.06.2017], in: Wall Street Journal, http://www.wsj.com/video/how-the-iphone-was-born-inside-stories-of-missteps-and-triumphs/302CFE23-392D-4020-B1BD-B4B9CEF7D9A8.html 00:59-1:42 (30.06.2017).

[20] Kahney, Leander: Jony Ive. Das Apple-Design-Genie, Kulmbach 2014, S. 256.

Der Inhalt kann – im Gegensatz zur Bedienung am Computer –
direkt manipuliert werden.[21] Die Computermaus wird als Zeige-
gerät durch den Finger ersetzt.

---

[21] „Gestures", Apple Human Interface Guidelines, https://developer.apple
.com/ios/human-interface-guidelines/interaction/gestures/ (30.05.2017).

3. Das realistische iOS-Design

3.1 Realismus und Skeuomorphismus

Bei der Betrachtung der Benutzeroberfläche der Notizen-App (Abbildung 1[22]) fällt sogleich die mehrfache Verwendung von ornamentalen Elementen auf: Die Oberflächen, die für die Eingabe von Text bestimmt sind, sind gestaltet wie Schreibwaren, auf denen scheinbar mit einem Filz- und einem Buntstift händisch Notizen und Markierungen gemacht wurden, und werden eingefasst von zwei Sorten hochwertigen Leders. Die Taschenrechner-App (Abbildung 2) bildet bis ins Detail das Design des ET33 nach, einem von Dieter Lubs für die Firma Braun entworfenen Rechner, und imitiert dabei sogar die glänzende Oberfläche der Tasten und den bläulich-leuchtendem Ausgabebildschirm.

Es ist ersichtlich, dass bei beiden Programmen, die für die Erstellung kleiner Textdateien beziehungsweise die Durchführung simpler mathematischer Rechenoperation ausgelegt ist, ein hoher Grad an formaler Ausgestaltung zu erkennen ist, die sich vor allem in der Mimesis, der Nachahmung der Natur, ausdrückt.[23] Diese Nachahmung geschieht in der visuellen Gestaltung auf zwei Arten.

Erstens werden die Objekte realistisch, im Sinne einer die Wirklichkeit nachahmenden Darstellungsweise wiedergegeben.[24] Dass das Design

---

[22] Detaillierte Beschreibungen zu den untersuchten Bildern befinden sich im Anhang.

[23] Jung, Werner: Von der Mimesis zur Simulation. Eine Einführung in die Geschichte der Ästhetik, Hamburg 1995, S. 15.

[24] Zimmermann, Anja: Realismus, in: Pfisterer, Ulrich (Hrsg.): Metzler Lexikon Kunstwissenschaft, Stuttgart 2011, S. 370-373.

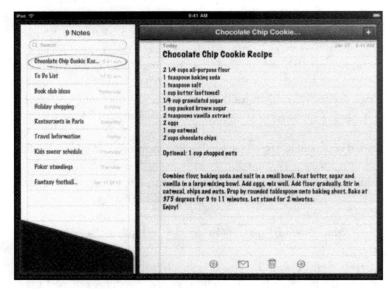

Abbildung 1: Die Notizen-App

sich hier des Bildverständnisses der westlichen Bildtradition bedient,[25] wird nicht zuletzt dadurch klar, dass der Blick auf das Display dem Blick aus einem geöffneten Fenster, einem *finestra aperta*, im Sinne Leon Battista Albertis, gleicht.[26] Durch seinen Blick erschließt der Betrachter einen hinter der Glasscheibe liegenden Bildraum. Das Display versucht den Betrachter von der Realität des Bildraums zu überzeugen, indem es eine Illusion im Stile eines *Trompe-l'œil* erzeugt.

Die Nachahmung wird aber noch gesteigert: Zur visuellen Täuschung tritt noch die taktile Vergewisserung derselben. In dem Moment, in dem er den Bildschirm berührt und mit dem Bild interagiert, wird aus dem passiven Betrachter ein aktiver Nutzer. Mit seinem Tastsinn vergewissert er sich der Existenz des Objekts.[27] Durch den Touchscreen wird die „ästhetische Grenze"[28] des Bildes überschritten, wodurch Auge und Hand „im gegenseitigen Einverständnis getäuscht"[29] werden.

Zweitens sind die visuellen Objekte auf dem Display nicht nur Bilder, sondern auch Gebrauchsgegenstände, sie dienen zum Anfertigen von Notizen und als Rechenhilfe. Dabei handelt es sich bei manchen der dargestellten Objekte um sogenannte „Skeuomorphe". Ein skeuomorphes Objekt wird definiert als

---

[25] Manovich 2001, S. 89.

[26] Trempler, Jörg: Bild/Bildlichkeit/Bildwissenschaft, in: Trebeß, Achim (Hrsg.): Metzler Lexikon Ästhetik, Stuttgart 2006, S. 64.

[27] Scheerer, Eckardt: Die Sinne, in: Ritter, Joachim/Gründer, Karlfried: Historisches Wörterbuch der Philosophie, 13 Bde., Basel 1989, Bd. 9, Sp. 849.

[28] Michalski, Ernst: Die Bedeutung der ästhetischen Grenze für die Methode der Kunstgeschichte. Mit einem Nachwort von Bernhard Kerber, Berlin 1996.

[29] Stamm, Lars: Google Glass: Das digitale Bild im Blick, in: Klinke, Harald/Stamm, Lars (Hrsg.): Bilder der Gegenwart. Aspekte und Perspektiven des digitalen Wandels, Göttingen 2013, S. 64.

„element of design or structure that serves little or no purpose in the artifact fashioned from the new material, but was essential to the object made from the original material."[30]

Obwohl beide Phänomene wahrscheinlich gemeinsam auftreten,[31] bedingt Realismus nicht notwendig Skeuomorphismus oder umgekehrt.[32] Alle dargestellten Oberflächen bemühen sich um eine realistische Darstellungsweise. Papier, Leder, Plastik sowie die handschriftlichen Notizen und Markierungen sind durch ihre Form und Textur als solche erkennbar. Zu Skeuomorphen werden sie durch die Darstellung überflüssiger Details. Welche der hier zu erkennenden Elemente waren essentieller Bestandteil einer Aktenmappe mit Notizblock oder ergaben sich notwendigerweise aus ihrem Gebrauch? Zunächst einmal die Naht entlang der Außenseite der Mappe, die bei der Herstellung einer solchen Mappe dazu dient, zwei Stücke Leder miteinander zu verbinden. Darüber hinaus das Einschubfach aus Leder auf der linken Seite, das dazu dient, das Papier zu fixieren. Auch die Abrisskante des Papiers, die bei der Benutzung eines Notizblocks notwendigerweise entsteht, ist als überflüssiges Element anzusehen. Schließlich ist die Lineatur des Blockes, die ursprünglich als Orientierung für den Schreibenden diente,

---

[30] Basalla, George: The Evolution of Technology, Cambridge 1988, S. 107.

[31] Greif, Sacha: Flat Pixels: The Battle Between Flat Design And Skeuomorphism [12.02.2013], http://sachagreif.com/flat-pixels/ (01.07.2017).

[32] Page, Tom: Skeuomorphism or flat design: future directions in mobile device user interface (UI) design education, In: International Journal of Mobile Learning and Organisation 8, Taiwan 2014, S. 130 - 142.

Abbildung 2: Die Taschenrechner-App

hier überflüssig, da beim Eintippen der Notizen die Buchstaben automatisch in derselben Höhe eingefügt werden.

Die Taschenrechner-App ahmt noch direkter die Gestaltung der Vorgängertechnologie, eines Taschenrechners mit physischen Druckknöpfen, nach.

Die Lichtreflexe auf den Farbkreisen lassen sie wie plastische Druckknöpfe, die gedrückt werden können, wirken. Durch diese scheinbare Plastizität bekommt die Touch-Oberfläche einen „Aufforderungscharakter"[33] („affordance"). Die Lichtreflexe sind jedoch keine skeuomorphen Elemente, sie geben den Taschenrechner nur realistisch wieder. Das skeuomorphe Element der App ist das Layout der Knöpfe,[34] denn dem Multitouch-Bildschirm wären verschiedene Eingabemöglichkeiten für Zahlen möglich. So werden beispielsweise bei der App „Rechner Calculator"[35] arithmetische Operationen mittels des Wischens in verschiedene Richtungen eingegeben, die Knopfform hingegen ist von der Vorgängertechnologie übernommen und deswegen skeuomorph.

---

[33] Norman, Don: The Design of Everyday Things, New York 2013, S. 10-13.
[34] Greif 2013.
[35] „Rechner Calculator", iTunes Store, https://itunes.apple.com/us/app/rechner-calculator/id508837827?mt=8 (16.06.2017).

3.2 Gründe für realistisches Design

Verantwortlich für das Design der iPhone-Benutzeroberfläche von Version iPhone OS 1 bis iOS 6 war Scott Forstall.[36] Um die Möglichkeit, eine passende Software für das neue Gerät zu entwickeln, konkurrierte er zunächst mit Tony Fadell, der eine Bedienoberfläche auf der Konzeption des „iPod" aufbauen wollte, setzte sich aber schließlich gegen ihn durch. Forstall hatte bereits bei der Entwicklung von Mac OS X, dem Desktop-Betriebssystem von Apple, mitgewirkt und den „Aqua"-Look der Bedienoberfläche geprägt, die bereits realistische Elemente aufweist.[37]

Ein ehemaliger User-Interface-Designer von Apple sieht den Realismus als Akt des Prahlens mit dem eigenen Können:

> „It's like the designers are flexing their muscles to show you how good of a visual rendering they can do of a physical object."[38]

Die Nachahmung hatte scheinbar auch selbstreferentielle Züge des damaligen CEO Steve Jobs:

> „iCal's leather-stitching was literally based on a texture in his Gulfstream jet."[39]

---

[36] Vgl. „Scott Forstall", Apple Press Info [08.05.2008], https://web.archive.org/web/20080808063903/http://www.apple.com/pr/bios/forstall.html (02.06.2017).

[37] Kahney 2014, S. 259-264.

[38] Carr, Austin: Will Apple's Tacky Software-Design Philosophy Cause A Revolt? [09.11.2012], in: Fast Company, https://www.fastcodesign.com/1670760/will-apples-tacky-software-design-philosophy-cause-a-revolt (01.07.2017).

[39] Ebd.

Es lassen sich jedoch eindeutige Gründe für die Verwendung dieser Design-Strategie finden. Der Industriedesigner Raymond Loewy sah eine Notwendigkeit des Rückgriffs auf das Bekannte bei der Einführung neuartiger Produkte. Ein innovatives Produkt ist ihm zufolge dann erfolgreich, wenn es „most advanced, yet acceptable", kurz „MAYA", ist. Ein möglichst fortschrittliches, aber dennoch akzeptables Produkt befindet sich im Produktentwicklungszyklus kurz vor dem Punkt, an dem „der Widerstand gegen das Fremde die Schockschwelle erreicht und der Kaufwiderstand einsetzt"[40].

Schon der iMac, der im Jahr 1998 von Apple vorgestellt wurde, besaß einen Griff an der Oberseite des Gehäuses, obwohl sich der Rechner eigentlich nicht zum Herumtragen eignete. Der verantwortliche Designer, Jony Ive, platzierte ihn dort mit dem Ziel, dem Nutzer im wahrsten Sinne des Wortes einen Zugriff zum Gerät zu ermöglichen.[41]

Das iOS-Design bedient sich derselben Strategie. Durch das Aufgreifen bekannter Objekte, wie einem Notizblock oder einem Taschenrechner, wird das neuartige Gerät verständlich. Realismus und im Besonderen Skeuomorphismus erleichtern den Übergang von einer alten zu einer neuen Technologie.[42]

Bei genauerer Betrachtungsweise wird jedoch an verschiedenen Stellen mit der Metapher der Vorgängertechnologie gebrochen. Die Notizen in der Notizen-App scheinen zwar wie von Hand geschrieben, werden aber über die Tastatur des Geräts eingegeben. Bliebe man in der Metapher, so wäre eine Schriftart, die beispielsweise eine Schreibmaschine – wie zum Beispiel „Courier" – simuliert, sinnvoller gewesen. Ebenso kann die Liste auf der linken Seite mit dem Finger gescrollt werden, was bei echtem

---

[40] Loewy, Raymond: Never Leave Well Enough Alone, Baltimore 2002, S. 277.
[41] Kahney 2014, S. 152.
[42] Page 2014, S. 130-142.

Papier natürlich nicht möglich ist. Auch dass das Antippen des Titels einer Notiz auf der linken Seite eine Reaktion des Papiers auf der rechten Seite bewirkt, scheint nicht schlüssig. Entsprechend können nicht alle Interaktionen sich von selbst erschließen, die meisten müssen doch erlernt werden. Skeuomorph-realistisches Interface-Design kann ein Objekt nicht vollkommen in ein neues Medium übersetzen, es kann höchstens den Übergang erleichtern.[43]

---

[43] Ebd.

4. Das abstrakte iOS-Design

4.1 Abstraktion und Flachheit

Schon beim ersten Blick auf den Homescreen der Software iOS 9 (Abbildung 3) fällt der Unterschied zum vorhergehenden Design auf. An die Stelle realistischer Nachbildungen von Objekten sind abstrahierte Darstellungen getreten, wo zuvor texturierte Oberflächen verwendet wurden, kommen nun monochrome Farbflächen zum Einsatz. Besonders auffällig ist die dominante Verwendung von Weiß, die in fast jedem Icon eingesetzt wird. Darüber hinaus wird mit transparenten Oberflächen gearbeitet, die durch einen sogenannten „Weichzeichner"-Effekt erzeugt werden, mit dem Details verschwinden und zu abstrakten, ineinander übergehenden Flächen werden.

Diese Abkehr vom Realismus beziehungsweise Skeuomorphismus ist ein Trend innerhalb des Software-Designs, die als Flat Design[44] bekannt ist. Mehrere große Technologie-Unternehmen, wie Microsoft und Google, haben sich schon vor Apple dieser Design-Strategie, die unter den Namen „Microsoft Design Language"[45], inoffiziell „Metro", beziehungsweise „Material-Design"[46] laufen, bedient.

---

[44] Semler, Jan: App-Design. Alles zur Gestaltung, Usability und User Experience, Bonn 2016, S. 318.

[45] „Microsoft Design ", Microsoft, https://www.microsoft.com/en-us/design (18.06.2017).

[46] „Material Design", Google, https://material.io/guidelines/ (18.06.2017).

Abbildung 3: Der Homescreen bei iOS 9

Schon der Name Flat Design zeigt, wie sich die Auffassung des Bildes geändert hat: Aus einer zuvor behaupteten Dreidimensionalität werden nun zweidimensionale Ebenen. Diese Flachheit suggeriert aber dennoch Tiefe, da die flachen Elemente in unbestimmter räumlicher Distanz hintereinander angeordnet sind.[47] Durch das Smartphone zu navigieren, bedeutet nun, zwischen diesen Bildebenen hin- und herzuwechseln. Der Finger ist dabei das Werkzeug, das diese Ebenen ent- und wieder verhüllen kann. Mit seinen flachen Ebenen und abstrakten Darstellungen bezieht sich das Flat Design auf mannigfaltige Weise auf Versatzstücke verschiedener Grafikdesign-Gestaltungsschulen des 20. Jahrhunderts.

Das Bauhaus, insbesondere Johannes Itten, Laszlo Moholy-Nagy und Herbert Bayer, beförderten die Etablierung eines klaren, reduzierten Grafikdesigns. Dieses zeichnete sich besonders durch den Verzicht auf Ornamente aus, der sich auch in der Verwendung von serifenlosen Schriftarten ausdrückte. Drucksachen waren häufig schwarz und weiß in Verbindung mit einer monochromen Farbe.[48] Das sogenannte „Schweizer Design" arbeitete diese Ideen weiter aus, und exportierte die Verwendung von serifenlosen Typen, Piktogrammen, simplen geometrischen Formen und kontrastierenden monochromen Farbflächen in die ganze Welt, wodurch ein „International Typographic Style" entstand.[49]

---

[47] Pratschke, Margarete: Die Architektur digitaler Bildlichkeit – „overlapping windows" zwischen Displays und gebautem Raum, in: Beyer, Andreas/Burioni, Matteo/Grave, Johannes: Das Auge der Architektur. Zur Frage der Bildlichkeit in der Baukunst, München 2011, S. 484-485.

[48] Meggs, Philip B./Purvis, Alston W.: History of Graphic Design, Hoboken 2016, S. 345-370. und Gottschall, Edward M.: Typographic Communications Today, Cambridge (Mass.) 1989, S. 32-43.

[49] Hollis, Richard: Schweizer Grafik. Die Entwicklung eines internationalen Stils 1920-1965, Basel/Boston/Berlin 2006.

In diesem Zusammenhang kamen auch die ersten Überlegungen zu einer universell verständlichen Zeichensprache, einer „Weltsprache ohne Wörter"[50], auf. Der Wiener Soziologe Otto Neurath versuchte in seiner sogenannten „Wiener Methode", mit einfachen Piktogrammen komplexe Daten aufzubereiten. Diese, später in „International System of Typographic Picture Education", kurz „Isotype", umbenannte Methode bildete die Grundlage für verschiedene Informationssysteme, wie zum Beispiel den Londoner U-Bahn-Plan.[51] Die zunehmende Zahl von internationalen Events und Massentransport-Einrichtungen, wie Flughäfen, beförderte die Entwicklung von interkulturell verständlichen Zeichensystemen.[52] So entstanden für die Olympischen Spiele in Tokyo 1964 Piktogramme, die die sportlichen Aktivitäten in abstrahierter Form darstellten. Auch Otl Aichers Piktogramme für die Olympischen Spiele in München 1972 schließen beispielsweise direkt an diese Entwicklung an.[53]

Wurden bei der Gestaltung der Hardware die Ulmer Schule und Dieter Rams rezipiert, orientierte die Software sich nun an Bauhaus, Schweizer Design und Isotype. Beim skeuomorphen iOS-Design fand noch eine Schriftart wie die, einer Handschrift nachempfundenen, Marker Felt Verwendung, zeichnet sich das Flat Design durch den ausschließlichen Einsatz der Helvetica Neue aus. Und wo die Icons des Homescreens zuvor noch Objekte nachahmten, haben nun Piktogramme Einzug gehalten, die aus simplen geometrischen Formen zusammengesetzt sind.

Handelt es sich beim Flat Design aber tatsächlich um gänzlich flache Grafiken? Zwar ist zu erkennen, dass die dargestellten Objekte nicht Dreidimensionalität simulieren, aber dennoch sind sie in Schichten angeordnet. Dies ist allein dadurch ersichtlich,

---

[50] Meggs/Purvis 2016, S. 359.
[51] Ebd. S. 360.
[52] Ebd. S. 455.
[53] Ebd. S. 455-462.

dass sich verschiedene Bildebenen überlagen. Die Icons des Homescreens befinden sich vor einer Fotografie oder vor einer transparenten Schicht, die durch ihre Transparenz auf die dahinterliegende Ebene verweist. Ebenso ist hinter dem Menü zur Steuerung der Musikwiedergabe (Abbildung 4) eine weitere runde weiße Fläche angedeutet, die eine dahinterliegende Ebene anzeigt.

Abbildung 4: Die Musik-App bei iOS 10

Diese Auffassung von hintereinander angeordneten Ebenen wird durch verschiedene Effekte verstärkt.

Erstens bewegt sich bei Bewegung des Bildmediums, also des Mobilgeräts, die Fotografie hinter den Icons hin und her. Dieser Effekt, der als Parallaxe bekannt ist, kommt zum Beispiel bei Videospielen oder Zeichentrickfilmen zum Einsatz, um Tiefenräumlichkeit zu erzeugen.

Zweitens werfen die Ebenen Schatten auf dahinterliegende Objekte. Dies ist zum Beispiel beim Bedienfeld, dem Albumcover und dem Lautstärkeregler in der Musik-App der Fall.

Drittens wird durch den Einsatz transparenter Oberflächen das Konzept der Schichtung gezeigt. Durch ihre Transparenz verweist die Fläche darauf, dass sich hinter ihr noch etwas befindet. Dies ist zum Beispiel an den oberen und unteren Leisten des Homescreens zu sehen.

Viertens kommen Unschärfen zum Einsatz, die Objekte gezielt in den Vordergrund rücken. Mit der Verwendung von Unschärfen bedient man sich Konventionen der Optik, die vom menschlichen Sehen oder der Fotografie bekannt sind. Wird ein Objekt nah an das Auge oder eine Kameralinse gehalten und fokussiert verschwimmt der Hintergrund. Besonders sichtbar wird dieses Konzept bei der auf dem Homescreen aktivierten 3D-Touch-Funktionalität (Abbildung 5).

Trotz des hohen Grades an Abstraktion lässt sich also sagen, dass beim Flat Design dennoch Elemente des Realismus im iOS-Design zu finden sind.

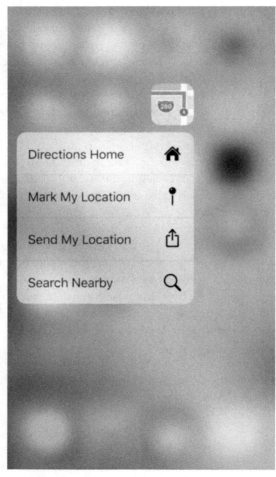

Abbildung 5: Der Homescreen bei aktivierter 3D-Touch-
Funktion

4.2 Gründe für abstraktes Design

Das komplette Redesign der iOS-Software mit Version 7 wurde am 10. Juni 2013 auf der World Wide Developers Conference von Apple-CEO Tim Cook bekannt gegeben.[54] Zuständig hierfür ist nun der Apple Chef-Designer Jony Ive, der neben der Gestaltung der Hardware auch die Gestaltung der Software übernommen hat.

Auffallend ist bei dem Design zunächst einmal die dominante Verwendung von weißen Oberflächen. Diese haben bei Apple Tradition. Hartmut Esslinger, der frühere Chef-Designer von Apple, entwickelte die „Snow White Design Language", die sich in ihrem Namen auf den von Hans Gugelot und Dieter Rams entwickelten Schallplattenspieler Braun SK 4, auch bekannt als „Schneewittchen-sarg", bezieht.[55] Bereits der Name deutet die Verwendung vorwiegend weißer Materialien, bei Braun wie bei Apple, an. Jony Ive griff dieses Gestaltungskonzept auf und prägte mit der vorwiegenden Verwendung von weißem Kunststoff den „Apple-Look" der frühen 2000er Jahre.[56] Die Vorliebe für weißen Kunststoff zieht sich durch Ives gesamtes Werk, wie schon sein früher Entwurf eines futuristisch anmutenden Telefons, des „Orators", zeigt.[57]

Auch die transparenten Flächen, die auf der Oberfläche des Homescreens zu finden sind, hat Jony Ive bereits zuvor im Design von Hardware verwendet. Beim „eMate" und dem ersten

---

[54] „WWDC Keynote 2013", Apple, https://web.archive.org/web/20130613 013533/http://www.apple.com:80/apple-events/june-2013/ (12.05.2017).

[55] Polster, Bernd: Kronberg Meets Cupertino. Was Braun und Apple wirklich gemeinsam haben, in: Schulze, Sabine/Grätz, Ina (Hrsg.): Apple Design. Mit Beiträgen von Friedrich von Bories, Bernhard E. Bürdek, Ina Grätz, Harald Klinke, Bernd Poster, Henry Urbach, Thomas Wagner und Peter Zec, Ostfildern 2011, S. 70.

[56] Kahney 2014, S. 221.

[57] Ebd., S. 38.

„iMac" aus dem Jahr 1998 ermöglichen semi-transparente Kunststoffe eine Sicht ins Innere des Gehäuses, lassen dabei aber gleichzeitig keinen präzisen Blick zu, sondern das Dahinterliegende nur erahnen.

Hat der Designer mit der neuen Gestaltung nun ausschließlich seine eigenen Vorlieben in das Werk transportiert? Oder gibt es auch andere Gründe, warum das Design so aussieht, wie es aussieht?

Zunächst einmal baut das Design eindeutig auf der vorangegangenen realistischen Gestaltung auf. In einem Video, das während der Show gezeigt wird, kommt Ive selbst zu Wort und sagt, das Design sei einerseits „completely new", gleichzeitig aber auch „instantly familiar". Vor allem Letzteres ist der Fall, denn auch hier kommt das „MAYA"-Prinzip wieder zum Tragen: Um die Verständlichkeit eines Systems zu bewahren, muss es auf einem vorangegangenen System aufbauen. Man spricht hier auch von der „Cognitive Load". Diese ergibt sich aus der Summe von Elementen, die der Nutzer kennen muss, um ein Gerät spontan und intuitiv nutzen zu können.[58] Nach einer Studie von Pfeiffer Consulting erreicht das iOS-Design eine niedrige Cognitive Load von 40 Punkten, lässt sich also sehr intuitiv bedienen, im Gegensatz zum Betriebssystem „Android" von Google, das 162 Punkte erzielt hat.[59] Das spricht dafür, dass beim iOS-Design Änderungen vor allem in der Form, nicht aber am zugrunde liegenden Konzept vorgenommen wurden.

Darüber hinaus war zu sehen, dass in dem Design noch immer realistische Elemente, wie beispielsweise Schattenwürfe, zu finden sind. Hierbei handelt es sich nicht um eine ästhetische Ent-

---

[58] Semler 2016, S. 197.
[59] How iOS 7 Stacks Up: Smartphone OS User Experience Shootout [03.10.2013], Pfeiffer Consulting, http://www.pfeifferreport.com/v2/wp-content/uploads/2013/09/iOS7-User-Experience-Shootout.pdf (01.07.2017).

scheidung, sondern um eine strategische. Dieses minimalistisch-realistische Design wird als „Flat 2.0" bezeichnet und dient dazu, die Vorteile des skeuomorphen Designs, also gute Bedienbarkeit, mit einer dem Medium angepassten Gestaltungsweise zu verbinden.[60]

Schließlich handelt es sich bei Apple um einen Konzern, der seine Produkte in die ganze Welt exportiert. Um Kunden auf dem ganzen Globus anzusprechen, muss die Software-Oberfläche in den verschiedensten Kulturen verständlich sein. Im Dezember desselben Jahres, in dem die neu gestaltete Software veröffentlicht wird, gibt Apple in einer Pressemitteilung bekannt, dass das iPhone in Zukunft auch im chinesischen Telefonnetz funktionieren solle.[61] Tim Cook sagt darin, China sei ein „extremely important market for Apple"[62] – deswegen muss sichergestellt werden, dass das iPhone für möglichst viele Menschen verständlich ist. Die Bildsprache des skeuomorphen iOS-Designs verankert die Software-Gestaltung aber eindeutig in der westlichen Kultur. Bei Ledermappe und Legal Pad handelt es sich um genuin westliche Produkte, bei Letzterem sogar um eines, das nur in Nordamerika zu finden ist. Mit dem Umstieg auf das Flat Design wurden nicht nur die ästhetischen Konzepte des International Typographic Style und Isotype importiert, sondern auch die Idee der kulturellen Neutralität.

---

[60] Meyer, Kate: Flat Design: Its Origins, Its Problems, and Why Flat 2.0 Is Better for Users [27.09.2017], Nielsen Norman Group, https://www.nngroup.com/articles/flat-design/ (26.06.2017).

[61] „China Mobile & Apple Bring iPhone to China Mobile's 4G & 3G Networks on January 17, 2014" [22.12.2013], Apple Newsroom, https://www.apple.com/newsroom/2013/12/22China-Mobile-Apple-Bring-iPhone-to-China-Mobiles-4G-3G-Networks-on-January-17-2014/ (01.07.2017).

[62] Ebd.

5. Kunsthistorische Bezugspunkte

5.1 Eine Frage des Stils?

Wie lässt sich die Entwicklung des iOS-Designs vom Realismus hin zur Abstraktion nun aus der Perspektive des Kunsthistorikers beurteilen?

Denkbar wäre zunächst, dass es sich um eine Veränderung des Stils handelt. Ein „Stil" beschreibt die „Qualitäten der Form"[63] eines Werks. In den Kategorien Heinrich Wölfflins gesprochen, hätte somit eine Entwicklung nicht vom „Flächenhaften zum Tiefenhaften"[64], sondern umgekehrt, von der Tiefe weg, hin zur Flächigkeit stattgefunden. Allerdings scheint Wölfflins Stilbegriff dem Ausmaß des hier beschriebenen Wandels nicht gerecht zu werden, wird er doch in seiner Kunstgeschichte dazu verwendet, Veränderungen innerhalb der realistischen Bildauffassung der „klassischen Kunst" von der Renaissance zum Barock, zu beschreiben.[65]

Der Abkehr vom Realismus lässt sich nicht nur mit der Veränderung der Form beschreiben, vielmehr stellt sie einen viel tiefgreifenderen Umbruch dar, und zwar einen Wandel im Bildverständnis. Statt von wandelnden Stilen ist es daher besser, von

---

[63] Locher, Hubert: Stil, in: Pfisterer, Ulrich (Hrsg.): Metzler Lexikon Kunstwissenschaft, Stuttgart 2011, S. 414.

[64] Wölfflin, Heinrich: Kunstgeschichtliche Grundbegriffe. Das Problem der Stilentwicklung in der neueren Kunst, Basel/Stuttgart 1984, S. 27.

[65] Locher 2011, S. 418.

Paradigmenwechseln zu sprechen.[66] Die Erfindung der Zentral-
perspektive und die Verwendung von Ölfarben in der Renaissance stellen einen solchen Paradigmenwechsel dar. Sie ermög-
lichten einen höheren Grad an Realismus, der die Malerei bis ins
19. Jahrhundert dominierte. Erst ab dann kam es zu einem immer stärkeren Hinterfragen der Auffassung gegenüber dem Bild
und dem, was die Malerei darstellen könne und solle. Die
dadurch in Gang getretenen Veränderungen fanden zu Beginn
des 20. Jahrhunderts schließlich ihren Höhepunkt in einem weiteren Paradigmenwechsel, der abstrakten Kunst. Werner Hofmann gab dieser Veränderung den Titel „Von der Nachahmung
zur Erfindung der Wirklichkeit"[67], eine Beschreibung, die zwei-
fellos auch auf Computergrafik anwendbar ist. Wurde mit der
Verbesserung der Grafik- und Display-Technologie ein immer
höherer Grad an Realismus möglich, so schien mit dem Retina-
Display, bei dem die einzelnen Pixel für das menschliche Auge
nicht mehr zu erkennen sind, eine Grenze erreicht. Das Ausrei-
zen der Mittel des Realismus führten daher, wie in der Malerei,
zu einem neuen Bildverständnis.

5.2 Das Bild passt sich dem Medium an

War zuvor von den bildhaften Qualitäten des iOS-Designs die
Rede, so soll nun der Blick auf seine Eigenschaften als Ge-
brauchsgegenstand fallen. Die Diskussion um realistisches und
abstraktes Design, also die Frage nach dem Verhältnis von

---

[66] Kuhn hat in der Wissenschaftstheorie den Begriff der Paradigmenwechsel
eingeführt. Die „Struktur wissenschaftlicher Revolutionen" weisen in ihrer
Konzeption mit den hier beschriebenen Ausführungen Gemeinsamkeiten
auf, weswegen ich die Verwendung des Begriffs an dieser Stelle für sinnvoll
halte. Siehe: Kuhn, Thomas S.: Die Struktur wissenschaftlicher
Revolutionen, Frankfurt am Main 2012.

[67] Hofmann, Werner: Von der Nachahmung zur Erfindung der Wirklichkeit:
Die schöpferische Befreiung der Kunst 1890-1917, Köln 1970.

Formgebung und Medium scheint ein Wiedergänger der Debatte des 19. Jahrhunderts über die Rolle des Materials in der bildenden Kunst zu sein.

Die Diskussion fand zwischen den Polen „Das Material muss überwunden werden"[68] und das „Material bildet die Grundlage von Kunst und Stil"[69] statt.

Als Protagonist ist hier einerseits Alois Riegl zu nennen, der mit seinem Begriff des „Kunstwollens" eine feindliche Position gegenüber dem Material einnimmt.[70] Ihm zufolge ist nicht Material oder Zweck, sondern allein der „kunstschaffende Gedanke"[71] Grundlage für Gestaltung. In diesem Fall entspräche das realistisch-skeuomorphe Design in seinem Bestreben, das Material (hier besser: Medium) zu überwinden, dieser Auffassung. Durch das Darstellen einer Abrisskante oder einer Naht im Leder wird dem Gedanken eines ästhetisch ansprechenden Realismus mehr Platz eingeräumt als dem Material.

Die Gegenposition vertritt Gottfried Semper, der das Werk sowohl als Ergebnis seines „*Gebrauches*"[72] sowie als „Resultat des *Stoffes*"[73] ansieht. Dabei klingt nicht nur das Motiv des Diktums „form follows function" an, sondern auch eine Forderung nach Berücksichtigung des Materials, eine Auffassung, die schließlich in Begriffen wie „Materialgerechtigkeit", „Materialstimmung"

---

[68] Raff, Thomas: Die Sprache der Materialien. Anleitung zu einer Ikonologie der Werkstoffe, Münster/New York/München/Berlin 2008, S. 27.

[69] Ebd.

[70] Rübel, Dietmar/Wagner, Monika/Wolff, Vera: Materialästhetik. Quellentexte zu Kunst, Design und Architektur, Berlin 2005, S. 108-109.

[71] Riegl, Alois: Stilfragen. Grundlegung zu einer Geschichte der Ornamentik, München 1985, S. 24.

[72] Semper, Gottfried: Der Stil in den technischen und tektonischen Künsten oder praktische Ästhetik, 2 Bde., Mittenwald 1977, Bd. 1: Die textile Kunst, S. 7.

[73] Ebd.

oder „Materialgesetz" mündet.[74] Entsprechend ist in dieser Auffassung das abstrakte Design zu verorten, da die Gestaltung der Pixelbilder nicht ein anderes Material vorgeben, sondern dem Medium des Displays entsprechend gestaltet sind. Die flachen Icons des Homescreens richten sich nach der durch die zweidimensionale Pixelmatrix vorgegebenen Flächigkeit.

Besser lässt sich diese Struktur jedoch mit Medientheorien des 20. Jahrhunderts beschreiben. Mit dem Versuch des skeuomorphen iOS-Designs, die Gestaltung einer alten Technologie auf eine neue zu übertragen, bediente es sich einer typischen Strategie, wie sie bei Medienumbrüchen zum Tragen kommt. Marshall McLuhan stellte die These auf, dass neue Medien keine spezifischen Inhalte präsentierten, vielmehr seien „die Inhalte der Medien [...] immer schon die jeweils älteren Medien"[75]. Jay David Bolter und Richard Grusin sehen, daran anschließend, die „Remediation" als zentrales Moment neuer Medien, die andere Medien sowohl formal als auch inhaltlich übersetzen.[76] Ähnlich wie einst die Fotografie,[77] scheint das Multitouch-Display als neues Bildmedium ein älteres in sich aufzunehmen. Das Plastik des Taschenrechners und das Papier des Schreibblocks werden übersetzt in eine Pixelmatrix.

Diese Nachahmung des Alten im Neuen hält so lange an, bis es gelingt, eine Gestaltung zu finden, die sich den Möglichkeiten und Grenzen des neuen Mediums anpasst. So wurden beispiels-

---

[74] Rübel/Wagner/Wolff 2005, S. 95-96.

[75] Hicketier, Knut: Medien/Material, in: Trebeß, Achim (Hrsg.): Metzler Lexikon Ästhetik, Stuttgart 2006, S. 254.

[76] Bolter, Jay David/Grusin, Richard: Remediation: Understanding New Media, Cambridge (Mass.) 1999, S. 19.

[77] McLuhan, Marshall: Understanding Media. The extensions of man, New York 1966, S. 174.

weise die ersten Eisenbahnwagons gestaltet wie eine Kutsche, bis sich eine eigene stereotype Form herausbildete.[78]

5.3 Magische Bilder

> „You have a much more direct and intimate relationship with internet and media, apps, your content. Some intermediate thing has been removed and stripped away. […] Is it the direct action, the fact that you can move it all around, is it the fact that you have no cables and 10 hour battery life? I don't know, it's all these things and other things, that I don't understand yet, but there's something about it that's magical."[79]

Wenn Steve Jobs bei der D8-Konferenz in Kalifornien 2010 davon redet, dass die direkte Interaktion mit Bildern etwas „Magisches" an sich hat, dann spricht er damit einen Aspekt der Kunstgeschichte an, der ihm vielleicht selbst gar nicht bewusst war: den der „Bildmagie".

Bei der „Bildmagie" handelt es sich um eine Beschreibung für Bilder, die in irgendeiner Weise über die bloße „Repräsentation von Körpern hinausgeht"[80] und denen eine bestimmte „Wirkungsmacht"[81] zu eigen ist. Dieser semantische Überschuss des Bildes wird zum Beispiel bei Ovids Erzählung vom König Pygmalion deutlich. Dieser schnitzt aus Elfenbein das Abbild einer Frau und verliebt sich in sie. Auf sein Bitten hin lässt Venus das

---

[78] Rossberg, Ralf Roman: Geschichte der Eisenbahn, Ostfildern 1977, S. 16.

[79] Steve Jobs im Interview mit Walt Mossberg und Kara Swisher bei der „D8"-Konferenz in Carlsbad 2010, 47:00-47:50, online abrufbar unter: https://www.youtube.com/watch?v=TVJ4VnN6YPY (24.06.2017).

[80] Wolf, Gerhard: Bildmagie, in: Pfisterer, Ulrich: (Hrsg.): Metzler Lexikon Kunstwissenschaft. Ideen, Methoden, Begriffe, Stuttgart 2011, S 64.

[81] Ebd.

Abbild zum Menschen werden.[82] Durch die Zauberkraft der Göttin wird Totes beseelt, aus der Abbildung wird das Abgebildete.

Dieses Moment des „Beseelens" toter Bilder findet auch auf einem Bildmedium, wie dem Multitouch-Display, statt. Wenn der Nutzer mit seinem Finger Bilder berührt, drückt, bewegt, auseinander- und zusammenzieht, um eine Wirkung zu erzeugen, erinnert das an das *envoûtement*, den Gebrauch von (plastischen) Bildern, um einen Liebes- oder Schadenszauber zu erzeugen, wie er in vielen Kulturen verbreitet ist.[83] Bedenkt man den Funktionsumfang, den Smartphones mittlerweile mit sich liefern, der vom Senden von Nachrichten über große Distanzen bis hin zum Steuern von Lichtquellen reicht, scheinen die berührungempfindlichen Bilder ebensolche „„mächtigen', außerweltliche[n] Kräfte"[84], wie die *envoûtement* zu beherbergen.

---

[82] Publius Ovidius Naso: Metamorphosen. Ins Deutsche übersetzt von Michael von Albrecht, München 1998, S. 231-232.

[83] Wolf 2011, S 64.

[84] Brückner, Wolfgang: Überlegungen zur Magietheorie. Vom Zauber mit Bildern, in: Petzoldt, Leander (Hrsg.): Magie und Religion: Beiträge zu einer Theorie der Magie, Darmstadt 1978, S. 417.

6. Die Zukunft der grafischen Benutzeroberfläche

Die bisherigen Betrachtungen haben einen Überblick über die Entwicklung der grafischen Benutzeroberfläche im Allgemeinen und des Touchscreen-Interface von Apple im Besonderen geliefert. Da es sich beim digitalen Bild um ein verhältnismäßig „junges" Bildmedium handelt, ist zu vermuten, dass noch einige Entwicklungen anstehen. Was kann vom momentanen Standpunkt der technischen Entwicklungen aus gesehen erwartet werden? Welche Strategie verfolgt Apple Wie sieht die Zukunft der grafischen Benutzeroberfläche aus?

6.1 Das Bildmedium löst sich auf

Beim Sprechen über die Firma Apple wird oftmals der Vergleich mit der Religion herangezogen. So ist von „Kult"[85] und „Kosmos"[86] die Rede, das Firmenlogo wird als Apfel der Versuchung[87] und das Betriebssystem als „katholischer Gegenreformer"[88] gedeutet. Dabei wird aber vor allem auf die Macht und den Einfluss des Unternehmens Bezug genommen. Im Folgenden soll jedoch gezeigt werden, dass es visuelle Evidenzen gibt, dass Apples Marketingstrategie das Ziel einer metaphorischen „Vergöttlichung" hat. Es gibt vier Trends, die darauf hinweisen.

---

[85] Zum Beispiel: http://www.cultofmac.com; Der iKult. Wie Apple die Welt verführt, Der Spiegel (17), Hamburg 2010.

[86] Fischer, Volker: Der i-Kosmos. Macht, Mythos und Magie einer Marke, Stuttgart/London 2011.

[87] Wagner 2011, S. 34.

[88] Eco, Umberto: MS-Dos ist calvinistisch, in: Spiegel Special (3), Hamburg 1995, online abrufbar unter: http://www.spiegel.de/spiegel/spiegelspecial/d-9157440.html (07.06.17)

Erstens nimmt der Bildträger, also das Display, immer mehr Platz ein: Er wird vergrößert, wodurch die Einrahmung proportional verkleinert wird. Der Rahmen wird aber nicht nur proportional kleiner, sondern auch unabhängig von der Größe des Displays verschlankt. Hatte das erste iPhone noch einen 3,5-Zoll-Bildschirm, so lag die Bildschirmdiagonale beim iPhone 5 trotz geringerer Gehäusebreite schon bei 4 Zoll und beim iPhone 6 schließlich bei 4,7 Zoll. Beim Übergang vom iPad zur iPad-Air-Reihe wurde die Größe des Displays beibehalten, doch die Breite des Rahmens an der Längsseite verkleinert.

Zweitens werden Geräte und Software zunehmend dünner. Das erste iPhone maß 11,6 mm in der Tiefe, das iPhone 4 9,3 mm, das iPhone 5 7,6 mm und das iPhone 6 schließlich nur noch 7,1 mm. Dieser Trend zur Verschlankung findet sich auch in der Software. Kam lange die Schrifttype Helvetica Neue in ihrem normalen Schriftschnitt zum Einsatz, so wurde ab iOS 7 der feine Schriftschnitt verwendet, der die Buchstaben sehr viel filigraner erscheinen lässt. Zudem wurden transparente Oberflächen eingeführt, die den Eindruck erwecken, als wären sie so hauchdünn, dass man durch sie durchblicken kann.

Drittens wird das Design zunehmend „hermetisch", das heißt, es zielt auf eine kontinuierliche, ununterbrochene Außenhülle ab. Dies zeigt sich schon an der Konzeption der Macintosh-Rechner. Die Gehäuse werden mit dem sogenannten „Unibody"-Verfahren gefertigt, bei dem die Bauteile aus einem Aluminiumblock herausgefräst werden.[89] Zudem werden Steckplätze zunehmend verkleinert oder ganz abgeschafft werden, was auch bei den Mobilgeräten der Fall ist. Der 30-Pin-Stecker, der bei

---

[89] Grätz, Ina: Full Metal Jacket. Über das Material des Apple-Designs, in: Schulze, Sabine/Grätz, Ina (Hrsg.): Apple Design. Mit Beiträgen von Friedrich von Bories, Bernhard E. Bürdek, Ina Grätz, Harald Klinke, Bernd Poster, Henry Urbach, Thomas Wagner und Peter Zec, Ostfildern 2011, S. 82.

den ersten iPhone- und iPad-Modellen zur Energie- und Daten-übertragen genutzt wurde, wurde durch den sehr viel kleineren „Lightning"-Anschluss ersetzt. Bei Geräten wie den AirPods und der iWatch wird sogar ganz auf einen Kabeleingang verzichtet, das Aufladen des Akkus geschieht kabellos per Induktion. Mit dem iPhone 7 wurde zudem die Kopfhörer-Buchse abgeschafft und die Zahl der Plastikstreifen auf der Rückseite, die gewährleisten, dass ein Funksignal durch das Gehäuse dringt, verringert. Statt Kabeln setzt Apple vermehrt auf Funktechnologie wie WiFi und Bluetooth. Schließlich handelt es sich bei den Produktbildern auf der Apple-Website um computergenerierte Bilder, durch die eine perfekte, fehlerfreie Oberfläche simuliert werden kann.[90]

Viertens wird die User Experience, also das Aussehen, aber auch die Art und Weise, wie sich die Bedienung der Software „anfühlt", auf allen Geräten vereinheitlicht. Nicht nur wird das Design von Desktop- und Mobilgerät-Software angeglichen, die Interaktion zwischen beiden Gerätetypen wird durch Software wie Handoff und AirDrop erleichtert. Die Marketingstrategie scheint darauf zuzustreben, dass die gleichen Inhalte über verschiedene Arten von Endgeräten zugänglich gemacht werden.

Durch die Trends zur Verschlankung bei gleichzeitiger Vergrößerung des Bildträgers entsteht der Eindruck, als wolle das Bildmedium sich selbst abschaffen. In seiner „Bildsein des Bildes überschreitenden Absicht" ist es auch als transikonisches Bild anzusehen, bei dem das Medium so scheint, als würde es sich

---

[90] Klinke, Harald: Strategisches Design. Wie Neues alt erscheint. Grundprinzipien der Produktgestaltung bei Apple, in: Schulze, Sabine/Grätz, Ina (Hrsg.): Apple Design. Mit Beiträgen von Friedrich von Bories, Bernhard E. Bürdek, Ina Grätz, Harald Klinke, Bernd Poster, Henry Urbach, Thomas Wagner und Peter Zec, Ostfildern 2011, S. 48.

irgendwann in Luft auflösen.[91] Auch in den Produktbezeichnungen „iPad Air" und dem Stromstecker „Lightning" finden sich diese Metaphern von Luft und Himmel wieder. Die Auflösung der Hardware lässt schließlich nur noch Datenströme zurück, die sich zur „Cloud" formieren.
Die Ablehnung der Hardware, also der Materie, geht

> „mindestens bis auf Platons Ideenlehre zurück und gilt mit gewissen Einschränkungen bis heute. Die Materie, das Material, wird demnach als notwendiges Übel, als 'niedrigster' Teil des Kunstwerkes aufgefasst."[92]

Im Gegenzug wird durch die Vereinheitlichung des UI-Design die körperlose Software besonders betont. So scheint die Tendenz dahingehend, als ließen Apples Produkte ihren Körper eines Tages zurück, um fortan als körperloser Datenstrom, als bloßes Pneuma, zu existieren.
Diese Stofflosigkeit ist im Christentum eine Eigenschaft Gottes. Die Software übernimmt hier die Rolle der Seele, sie rückt durch die Auflösung des materiellen Bildmediums „unten" näher nach „oben", zu Gott.[93]
Durch das hermetische Design wird der Eindruck von Glattheit erzeugt, der keinen Hinweis auf menschliches Einwirken zurücklässt und somit „ein Attribut der Perfektion"[94] ist, wie es Roland

---

[91] Zum Begriff des transikonischen Bildes siehe: Kruse, Christiane: Nach den Bildern. Das Phantasma des „lebendigen Bildes" in Zeiten des Iconic Turn, in: Belting, Hans (Hrsg.): Bilderfragen. Die Bildwissenschaften im Aufbruch, München 2007, S. 165-180.

[92] Raff 2008, S. 27.

[93] Holzhey, Helmut/Jeck, Udo Reinhold/Mahoney, Edward P./Mojsisch, Burkhard/Pluta, Olaf/Ricken, Friedo/Scheerer, Eckardt: Seele, in: Ritter, Joachim/Gründer, Karlfried: Historisches Wörterbuch der Philosophie, 13 Bde., Basel 1989, Bd. 9, Sp. 8.

[94] Barthes, Roland: Mythen des Alltags, Frankfurt am Main 1989, S. 76.

Barthes in seiner Beschreibung des Alltagsmythos Citroën D.S. sagt.[95] Was Barthes einst über den D.S. – sprich „Déesse", Göttin – schrieb, lässt sich heute sehr gut auf das iPhone übertragen. Auch es ist das

> „genaue Äquivalent der gotischen Kathedralen [...] eine große Schöpfung der Epoche, die mit Leidenschaft von unbekannten Künstlern erdacht wurde und die in ihrem Bild, wenn nicht überhaupt im Gebrauch von einem ganzen Volk benutzt wird, das sich in ihr ein magisches Objekt zurüstet und aneignet."[96]

Die Perfektion ist, wie schon im Namen der *Déesse* anklingt, ebenfalls eine Eigenschaft Gottes.[97] Apple bedient sich dieser Motive in seinem Marketing, um den Eindruck einer „Vergöttlichung" zu vermitteln.

Aber was wird aus der Benutzeroberfläche, wenn sich das Objekt in Luft auflöst? Seit dem iPhone 4S baut Apple die Funktionalität seines Sprachassistenten „Siri" aus. Erst kürzlich wurde die Entwicklung von Programmen für Siri für Drittentwickler freigegeben. Diese Entwicklung ist Teil des Trends zur „Zero UI", also der Abschaffung der grafischen Bedienoberfläche, die durch andere Technologien ersetzt wird. Dazu gehört neben

---

[95] Eine kritische Reflexion über Glattheit in der Geschichte des Designs nachzulesen bei Demand, Christian: „What you care about": Anmerkungen zu einer Ästhetik des Glatten, in: Fischer, Rudolf/Tegethoff, Wolf (Hrsg.): Modern Wohnen. Möbeldesign und Wohnkultur der Moderne, Berlin 2016, S. 235-254.

[96] Ebd.

[97] Hühn, Helmut: Perfektionismus, in: Ritter, Joachim/Gründer, Karlfried: Historisches Wörterbuch der Philosophie, 13 Bde., Basel 1989, Bd. 7., Sp. 244.

Spracherkennung auch Haptik, automatische Bilderkennung und künstliche Intelligenz.[98]

6.2 Augmented Reality

Steht nun also eine Selbstabschaffung des Graphical User Interface bevor? Kehren wir wieder zurück zur sprachbasierten Computersteuerung, wie sie in der Frühzeit des Computers gebräuchlich war? In manchen Fällen mag dieser Fall vielleicht eintreten. Allerdings zeigen andere technische Entwicklungen auch, dass sich das Display des Computers in Zukunft lediglich verlagern wird.

In den letzten Jahren hat sich ein Trend zu sogenannten „Wearables", kleinen Computern, die am Körper getragen werden, abgezeichnet. Dazu zählen zum Beispiel die sogenannten „Smartwatches", wie die „Galaxy Gear" von Samsung, die „Moto 360" von Motorola und die „iWatch" von Apple.[99] Hierbei handelt es sich ebenfalls um Displays, die mit Berührungen auf einem Touchscreen gesteuert werden. Der Unterschied zum Smartphone oder Tablet besteht jedoch darin, dass die Geräte permanent, wie Uhren, am Körper getragen werden.

Eine andere Form von „Wearables" sind sogenannte „Augmented Reality"-Brillen, wie zum Beispiel Google „Glass" oder die Microsoft „Hololens". Bei solchen AR-Brillen werden Bilder auf eine transparente Fläche vor dem Auge projiziert. Für den Betrachter wirkt es dann, als lägen diese Bilder über oder in der Wirklichkeit.

Als Vorgänger dieser Technologie sind die sogenannten HUDs, die Head-Up-Displays zu identifizieren, die vom US-amerikanischen Militär in den 1940er Jahren in den Visieren von Kampfjet-Piloten verbaut wurden. Mit Hilfe dieser HUDs muss-

---

[98] Krishna, Golden: The Best Interface is No Interface, San Francisco 2015.
[99] Semler 2016, S. 18.

ten die Piloten ihren Kopf nicht mehr senken, um Kontrollanzeigen zu überprüfen, sondern hatten diese Angaben bereits innerhalb ihres Sichtfeldes. Heute wird diese Technik weiterhin im zivilen Flugzeug- und Autobau eingesetzt.[100]

Google „Glass" bedient sich eines kleinen Glasprismas, das sich im rechten oberen Blickfeld des Betrachters befindet, um Informationen einzublenden. Diese Technik ist jedoch noch stark an der Funktionsweise des Head-Up-Displays ausgerichtet, sodass man in diesem Fall noch nicht unbedingt von „Augmented Reality" sprechen kann.[101]

Anders verhält es sich bei der „Hololens". Diese bedient sich der Stereoskopie, der Darstellung zweier leicht versetzter Bilder vor jedem Auge, wodurch die der Eindruck der Tiefenräumlichkeit entsteht. Die dargestellten Bilder scheinen sich auf diese Weise wie Objekte im Raum zu befinden und können mittels Gesten der Hand gesteuert werden.[102]

Auf Grundlage der bisherigen Ausführungen ist es nicht überraschend, dass die Beispielinhalte, die auf der Website des Produkts gezeigt werden, realistische Objekte nachbilden.[103] Die Interaktion mit den virtuellen Objekten ist an die Interaktion mit realen Objekten angelehnt.

Besonders da die Bilder sich nun nicht mehr in einem Display mit klarer Begrenzung befinden und somit die „Rahmung" auf-

---

[100] Stamm 2013, S. 60.

[101] Porteck, Stefan/Sokolov, Daniel/Zota, Volker: Glass durchschaut. Googles Datenbrille im Test: Nerd-Spielzeug oder mobile Zukunft? In: c't. magazin für computer technik (13) 2013, S. 63.

[102] Eine Reihe von Marketing-Videos von Microsoft geben Einblick in die Funktionsweise der Hololens, zum Beispiel „Microsoft HoloLens: Mixed Reality Blends Holograms with the Real World", https://www.youtube.com/watch?v=Ic_M6WoRZ7k (28.06.2017).

[103] „HoloLens", Microsoft, https://www.microsoft.com/de-de/hololens/why-hololens (01.07.2017).

gehoben ist, ist hier das Moment des transikonischen Bildes in einer noch viel stärkeren Ausprägung zu erkennen.

Ob und inwieweit sich die Technologie der am Körper getragenen Augmented Reality durchsetzt und das Touch-Display des Smartphones ersetzt, ist noch nicht klar. Sollte sie aber ihren Weg in den Mainstream finden, ist es wohl nicht zu weit gegriffen, wenn man mit Blick auf die historischen Entwicklungen die Vermutung anstellt, dass ein Wandel von Realismus zu Abstraktion bevorsteht, ein Wandel, der sich scheinbar wie Konjunkturzyklen durch die Geschichte der Bildmedien zieht.

7. Digitale Bildmedien in der Wissenschaft

In den obigen Ausführungen konnte gezeigt werden, dass das realistisch-skeuomorphe iOS-Design dazu diente, dem Nutzer ein neuartiges Bedienkonzept auf intuitive Weise verständlich zu machen. Der Wandel zur abstrakten Gestaltung hingegen machte die Software für eine Vermarktung auf dem internationalen Markt tauglich. Bei dem beschriebenen Wandel handelt es sich nicht um eine bloße Veränderung des Stils, sondern um einen Paradigmenwechsel, der sich in einem neuen Bildverständnis ausdrückt: Die Gestaltung der grafischen Benutzeroberfläche hat sich der Zweidimensionalität des Mediums angepasst. In der direkten Bedienung des Displays mit dem Finger lassen sich zudem Momente der Bildmagie entdecken. Wie die Zukunft des User Interface aussieht, ist unklar. Einerseits zeichnen sich Trends ab, die weg von der grafischen und hin zur sprachbasierten Mensch-Maschine-Interaktion zu führen. Andererseits scheinen technische Entwicklungen, wie die Augmented Reality, eine noch stärkere Präsenz des Bildes zu befördern.

Wie zu sehen war, lassen sich bei der Betrachtung vom Design eines digitalen Produkts, wie dem iOS-Design von Apple, Parallelen zur Kunstgeschichte ziehen. Diese Forschung ist aber nur innerhalb von zwei Entwicklungen der Kunstgeschichte, die in den letzten Jahren stattgefunden haben, möglich. Die eine ist die Erweiterung des Interessengebiets der Kunstgeschichte von der Kunst hin zum Bild, eine Entwicklung, die allgemein als „Bildwissenschaft" bekannt ist. Die andere ist der Einfluss des digitalen Wandels, der der Kunstgeschichte nicht nur neue Methoden, sondern auch Forschungsobjekte liefert: digitale Bilder. Die Betrachtung dieser nicht digitalisierten, sondern genuin digitalen Bilder aus der Perspektive der Kunst- beziehungsweise Bildwissenschaft ermöglicht eine historische Kontextualisierung und Reflexion über diese viel genutzten Alltagsgegenstände. Mit ihrer Bildkompetenz kann diese Wissenschaft einen entscheidenden Beitrag in der kritischen Auseinandersetzung mit Software liefern, die vielleicht bis hin zu einer Software-Design- oder Usability-Kritik führen kann. In Zeiten von zunehmender Digitalisierung und Virtualisierung unserer Wirklichkeit besteht dafür auf jeden Fall Bedarf.

Anhang

Bildbeschreibungen

Abbildung 1: Die Notizen-App

Bei dem vorliegenden Bild handelt es sich um ein Beispiel-Foto von der Apple-Website aus dem Jahr 2010. Es zeigt die „Notizen"-App, wie sie auf einem iPad dargestellt, das im Querformat gehalten wird, dargestellt wird. Das Bild ist konfiguriert auf einem Display mit 1024×768 Pixeln.

Auf den ersten Blick ist das Bild in zwei Bereiche gegliedert, die sich durch ihre unterschiedliche Farbgebung, weiß und gelb, auszeichnen. Zudem ist eine schwarze, texturierte Oberfläche zu erkennen, die sich scheinbar hinter den Farbflächen befindet und nur im linken unteren Eck in den Vordergrund tritt. Am oberen Rand befindet sich eine schwarze Laste mit grauen Buchstaben, Zahlen und Symbolen.

Die gelbe Fläche nimmt in etwa zwei Drittel des Bildes ein. Es handelt sich um gelbes, liniertes Papier. Eine vertikale Doppellinie durchzieht das Papier auf der linken Seite, wodurch ein Rand entsteht. Auf der rechten Seite ist das Papier mit Text gefüllt. Der Text gibt ein Rezept für „Chocolate Chip Cookies" an. Die Schrift ist schwarz und imitiert handschriftliche, mit einem Filzstift geschriebene Buchstaben. Es handelt sich um die Schriftart „Marker Felt". An der unteren Seite sind vier Symbole zu erkennen: Ein nach links weisender Pfeil in einem Kreis, ein stilisierter Briefumschlag, ein stilisierter Mülleimer und ein nach rechts außen weisender Pfeil in einem Kreis. Auch diese Symbole sind scheinbar von Hand gezeichnet und weisen eine hellbraune Farbgebung auf. Am oberen Ende der Papierseite sind in der gleichen Farbe, allerdings in der serifenlosen „Helvetica "-Schrift das Wort „Today", sowie die Datums- und Uhrzeitangabe „Jan 27 9:41 AM" zu erkennen. Ein unregelmäßige Abrisskannte an der Oberseite der Papierseite suggeriert, dass es sich um einen

Notizblock handelt, genauer um ein, in den USA weit verbreitetes „Legal Pad". Die Papierseiten des Notizblocks werden, so scheint es, durch eine Leiste aus braunem Velourleder zusammengehalten. Auf dieser Leiste ist abermals die Überschrift der Notiz in einer weißen Helvetica-Schrift zu lesen. Auf der rechten Seite der Leiste ist ein Quadrat mit abgerundeten Ecken eingeprägt, das in der Mitte ein Plus zeigt.

Bei der zweiten, dominanten Farbfläche handelt es sich scheinbar ebenfalls um Papier. In einem Längsrechteck aus grauen, das durch die Unterteilung von horizontalen Linien zu einer Tabelle wird, sind Worte, ebenfalls in der „Marker Felt"-Type, eingetragen. Rechts neben den Worten befinden sich Datum- und Zeitangaben in grauer Helvetica-Schrift. Das oberste Segment der Tabelle ist mit einer roten, annähernd elliptischen Linie umkreist. Die Textur der Linie erinnert an die eines Buntstiftes, der auf grobes Papier malt.

Oberhalb der Tabelle befindet sich eine weitere Ellipse, diese ist jedoch geschlossen und wirkt wie mechanisch in das Papier geprägt. Innerhalb der Ellipse sind das, in grau gehaltene, Piktogramm einer Lupe zu und daneben das Wort „Search" in Helvetica-Schriftart zu erkennen.

Oberhalb der Ellipse steht, in schwarzer Helvetica-Type „9 Notes".

Die schwarze Fläche, die beide Papiere scheinbar einrahmt und fixiert, ist texturiert wie schwarzes Glattleder. Die Plastizität des Leders zeigt sich am unteren linken Rand. Das viereckige Lederstück zeigt Lichtreflexe an der linken unteren Seite und wirft einen leichten, diffusen Schatten auf das Papier.

Die schwarze Leiste am oberen Rand zeigt kein Material, sondern eine schwarze Leiste. Auf dieser sind drei Bereiche auszumachen. Die linke Seite zeigt den Schriftzug „iPad", daneben einen Punkt mit zwei darüberliegenden, gebogenen Balken, das

„Wi-Fi"-Symbol. In der Mitte ist abermals die Zeitangabe „9:41 AM" und am Rand das Piktogramm einer Batterie zu erkennen.

Abbildung 2: Die Taschenrechner-App

Die Abbildung zeigt die „Taschenrechner"-App, wie sie auf einem iPhone 3G dargestellt wird. Das Bild auf dem Display misst daher 480×320 Pixel.

Einen Großteil des Bildes nimmt eine schwarze Fläche ein, auf der sich insgesamt 20 verschiedenfarbige Kreise befinden. Oberhalb der schwarzen Fläche befindet sich eine hellblaue Fläche, in der die Zahl 235 angezeigt wird. Darüber befindet sich eine schwarze Leiste mit grauen Buchstaben, Zahlen und Symbolen.

Bei der oberen, schwarzen Leiste handelt es sich um eine ähnliche Leiste, wie der in der vorherigen Abbildung. In grauer Helvetica-Type werden Informationen über Internetverbindung, Uhrzeit und Batterieladung angezeigt.

Das darunterliegende Längsrechteck weist eine hellblaue Farbgebung auf. Ein hellerer Blauton auf der oberen Seite des Rechtecks simuliert einen Lichtreflex.

Darunter befinden sich, gleichmäßig angeordnet, zwanzig Kreise. Die ersten drei Kreise weisen eine graue Farbgebung auf und sind beschriftet mit „m+", „m-" und „mr mc". Darunter sind zehn Kreise mit schwarzer Farbgebung zu sehen, die mit den Zahlen von null bis neun beschriftet sind. Die Kreise in der Spalte rechts außen und auf der untersten Zeile weisen eine braune Farbgebung auf und sind beschriftet mit den Symbolen für die Rechenoperationen Division, Multiplikation, Addition, Subtraktion sowie mit einem „." und einem „c". Der letzte Kreis rechts außen weist eine orangene Farbgebung und zeigt das Gleichheitszeichen. Alle Farbkreise sind mit einem Lichtreflex versehen, sodass der Eindruck entsteht, es handele sich um eine glänzende Oberfläche.

Abbildung 3: Der Homescreen bei iOS 9

Zu sehen ist der Homescreen, wie er auf dem Betriebssystem iOS 9 von Apple auf einem iPhone 6 angezeigt wird. Er hat die Abmessungen von 1334×750 Pixel bei 326 ppi, das heißt eine Höhe von 10,4 auf 5,8cm.

Vor einer Fotografie, die von einem vornehmlich türkisenen Farbton hin ins dunkelblaue und grüne changiert, sind 22 quadratische Icons mit runden Ecken und darunterliegendem Text zu sehen. An der Ober- und Unterseite wird die Fotografie hinter einer semi-transparenten Leiste verborgen.

Die obere, transparente Leiste, zeigt, in weiß, fünf aneinandergereihte Punkte, gefolgt von einem WLAN-Symbol, die Uhrzeit „9:41 AM" und das Piktogramm einer Batterie.

Den oberen Teil des Bildes nehmen 18 Icons ein, den unteren, auf der transparenten Leiste, nehmen vier ein. Sie sind übereinander, in Zeilen zu je vier Icons, angeordnet. Lediglich in der zweituntersten Zeile befinden sich nur zwei Icons in einer Zeile. Unter den Icons befindet sich, in weißer Helvetica-Neue-Schrift mit dem Schriftschnitt „Leicht", die zugehörigen Namen der Icons. Oberhalb der transparenten Leiste ist das transparente Symbol einer Lupe, gefolgt von einem weißen und einem weiteren, transparenten Punkt, zu sehen.

Auf den Icons sind, von links nach rechts und von oben nach unten, unterschiedliche Inhalte zu erkennen.

Messages: Eine weiße Sprechblase vor einem monochromen, grünen Hintergrund.

Calender: Vor einem monochrom-weißen Hintergrund die Ziffer Zwei in schwarzer Helvetica-Neue-Schrift im „Extrafein"-Schriftschnitt, darüber, in Roter Helvetica-Neue das Wort „Monday".

Photos: Vor ebenfalls monochrom-weißem Hintergrund: Acht Ellipsen in den Farben gelb, hellgrün, dunkelgrün, blau, türkis, lila, rot und orange, die entlang des Farbkreises angeordnet sind und sich zum Teil überlappen. An den Überlappungen vermischen sich die Farben. Die Anordnung der Ellipsen lässt an eine Blüte denken.

Camera: Vor einem monochrom-grauen Hintergrund bilden fünf schwarze Flächen und ein grüner Punkt das Piktogramm einer Kamera.

Weather: Vor einer Sonne in Form eines gelben Kreises befindet sich eine, aus transparent-weißen Ellipsen und Kreisen zusammengesetzte Wolken, beide werden von einer, nach unten hin hellet werdenden blauen Farbfläche eingefasst.

Clock: Eingerahmt in eine schwarze Farbfläche ist ein weißes, kreisförmiges Ziffernblatt mit den Ziffern von eins bis zwölf zu sehen. Eine kurze und eine lange, dünne Linie dienen als Minuten- und Stundenzeiger, eine noch dünnere, rote Linie als Sekundenzeiger.

Maps: Auf grauem Hintergrund sind weiße, blaue und gelbe Linien und sowie eine grüne Farbfläche zu sehen. Ein blauer Kreis mit einem Pfeil in der Mitte bildet den Anfang der blauen Linie. Oberhalb der gelben Linie ist ein blau-rotes Straßenschild zu erkennen, das die Zahl „280" zeigt.

Videos: Der obere Teil des Icons bilden zwei Reihen sich abwechselnder, schwarz-weißer Parallelogramme, die zusammengesetzt an nach außen weisende Pfeile erinnern. Den unteren Teil bildet eine vom Türkisen ins Blaue verlaufende Farbfläche.

Wallet: Vor einem schwarzen Hintergrund ist das gräuliche Piktogramm einer Geldbörse für Kreditkarten zu sehen, darin befinden sich, im Anschnitt vier Karten. in den Farben blau, orange, grün und rot.

Notes: Am oberen Rand des Icons befindet sich eine gelbe Leiste, darunter eine weiße Fläche. Die weiße Fläche ist von vier parallellaufenden, horizontalen Linien durchzogen. Die oberste Linie besteht aus einer Reihung mehrerer quadratischer Punkte.

Reminders: Auf der linken Seite des Icons befinden sich vier Kreise in den Farben Orange, blau, grün und lila. Die Kreise werden durch einen Ring in der gleichen Farbe eingeschlossen. Auf der rechten Seite befinden sich fünf horizontale, zueinander parallel angeordnete Linien, die sich, vom rechten Rand ausgehend, bis in etwa in drei Viertel der Fläche des Icons ziehen. Den Hintergrund bildet eine weiße Fläche

Stocks: Fünf parallellaufende, graue Linien durchziehen eine schwarze Fläche, auf der ein ansteigender Aktienkurs verläuft in Form einer weißen Linie verläuft. vorletzte Linie ist blau eingefärbt, ein blauer Punkt markiert einen Punkt im Aktienkurs.

iTunes Store: Das Icon weist an der Oberseite eine pinkfarbene Tönung auf, die nach unten hin ins Lilafarbene verläuft. Darauf ist eine weiße Musiknote, umgeben von einem weißen Ring abgebildet.

App Store: Vor einer blauen Farbfläche, die nach unten hin dunkler wird, bildet sind die abstrahierten Darstellungen von drei Objekten abgebildet: Ein Stift, ein Pinsel und ein Balken, vermutlich ein Lineal. Diese drei Objekte sind zu einem „A" angeordnet. Sie werden von einem weißen Kreis eingeschlossen.

iBooks: Zwei weiße, gespiegelte Flächen mit geraden Längsseiten und gebogenen Querseiten ergeben das Piktogramm eines aufgeschlagenen Buches vor einem orangefarbenen Hintergrund.

News: Die Mitte des Icons zeigt eine weiße Farbfläche. In ihr sind vier parallellaufende Linien zu sehen. Die oberen beiden Linien werden durch ein die abstrakte Darstellung eines Globus getrennt. Zwischen den oberen und den unteren beiden Linien befindet sich die abstrahierte Darstellung eines Fotos von einer Stadtansicht, in dem die Gebäude durch graue, in die Höhe ragende Balken und Himmel und Wolken durch (hell-)blaue Farbflächen dargestellt werden. Auf der linken Seite befindet sich eine kleinere, rechteckige weiße Fläche, die durch einen Schattenwurf scheinbar hinter der größeren liegt. Es handelt sich um die abstrahierte Darstellung einer Zeitung, die von einer roten Fläche eingerahmt wird.

Health: Vor einer weißen Farbfläche befindet sich ein rotes Symbol in Form eines Herzens.

Settings: In dem Icon wechseln sich hell- und dunkelgraue Farbflächen ab. Vor einer dunklen Kreisfläche sind zwei Ringe zu sehen, die außen Zacken aufweisen. Von der Innenseite des größeren Ringes aus laufen drei Linien in der Mitte zusammen, wo sich ein grauer Punkt befindet.

Phone: Vor einem grünen Hintergrund ist das weiße Piktogramm eines Telefonhörers zu sehen, das in etwa im 45 Grad Winkel zu den Seiten des Quadrats angeordnet ist.

Safari: Eine blaue kreisförmige Fläche wird von einer weißen Fläche eingefasst. Entlang der Außenseite des Kreises verlaufen die, abwechselnd kürzeren und längeren, Striche einer Maßeinteilung. Darüber liegen zwei, in die Länge gestreckte, Dreiecke, die an der Grundfläche miteinander verbunden sind. Das eine ist weiß, das andere rot eingefärbt. Sie sind diagonal innerhalb des Icons angeordnet. Gemeinsam entsteht dadurch die abstrahierte Darstellung eines Kompasses.

Mail: Vor einer blauen Grundfläche, die nach unten hin heller wird, bilden vier weiße Farbflächen das Piktogramm eines geschlossenen Briefes.

Music: Auf einer weißen Farbfläche ist eine Musiknote abgebildet, die vom rot und nach unten zunehmend ins bläuliche verläuft.

Abbildung 4: Die Musik-App bei iOS 10

Zu sehen ist die Benutzeroberfläche der „Musik"-App, wie sie unter dem Betriebssystem iOS 9 auf einem iPhone 6 angezeigt wird. Das Bild hat daher eine Abmessung von 1334×750 Pixel bei 326 ppi, das heißt eine Höhe von 10,4 auf 5,8cm.

Den größten Teil des Bildes nimmt eine weiße Farbfläche ein, auf der verschiedene Symbole und Elemente angeordnet sind. Dahinter ist eine weitere weiße Farbfläche angedeutet. Den obersten Teil des Bildes nimmt die Informationsleiste, wie schon in Abbildung 3 beschrieben, ein.

Auf der weißen Fläche sind zuoberst zwei graue, zueinander in einem flachen Winkel stehende Linien zu sehen, sie stellen einen Pfeil dar, der nach unten weißt. Unterhalb des Pfeils ist eine quadratische Fläche zu sehen (Bei dem darin dargestellten Bild handelt es sich um ein Beispiel, das für die folgenden Betrachtungen nicht relevant ist). Das Quadrat wirkt durch einen diffusen Schatten, der vor allem am unteren Rand der Fläche erkennbar ist, von der weißen Fläche abgesetzt. Unterhalb der quadratischen Fläche ist eine graue Linie zu erkennen. Auf der grauen Linie ist auf der linken Seite ein dunkelgrauer Punkt zu erkennen. Unterhalb der Linie stehen rechts und links die Zeitangaben „0:02" und „-3:58". Unterhalb der grauen Linie ist in schwarzer Schrift das Wort „Appeals" zu lesen, darunter, durch einen Gedankenstrich getrennt, die Worte „Bayonne" und „Primitives", in einer hellroten Schrift – Titel, Interpret und des Albumtitels, des Musikstückes, das gerade abgespielt wird.

Darunter sind die drei Symbole für Zurückspulen und Vorspulen sowie Abspielen und Pausieren dargestellt.

Darunter liegt sich eine weitere, graue Linie, in deren Mitte sich ein Kreis befindet. Links von dem Kreis hat die Linie eine dunklere, rechts von ihm eine hellere Farbgebung. An den Außenseiten der Linie befinden sich die Piktogramme von Lautsprechern, aus dem linken Lautsprecher scheint zudem Schall zu dringen, was durch drei, parallel verlaufende, gebogene Linien dargestellt wird. Der Kreis in der Mitte ist als solcher nur durch einen Schattenwurf erkennbar, der ihn von der restlichen weißen Fläche abgrenzt.

Den Abschluss bilden schließlich drei rote Symbole: Ein Plus, ein Dreieck, das ebenfalls Schallwellen in Form von drei, einander umschließenden Ringen aussendet und drei, nebeneinander angeordnete Punkte.

Die weiße Fläche schließlich scheint vom Hintergrund losgelöst, da sie scheinbar selbst einen Schatten auf die am oberen Rand angedeutete, dunkelgraue Fläche wirft.

Abbildung 5: Der Homescreen bei aktivierter 3D-Touch-Funktion

Zu sehen ist der gleiche „Homescreen " wie auf der vorherigen Abbildung, diesmal ist allerdings ein Untermenü der „Maps"-Applikation aufgerufen, indem das Icon nicht nur angetippt, sondern, mit etwas mehr Kraftaufwand, „gedrückt" wurde.

Das „Maps"-Icon ist im Vergleich zur vorangegangenen Abbildung unverändert.

Die durch die Aktion ausgeführte Veränderung besteht darin, dass alle anderen Elemente des „Homescreens" unscharf, wie hinter einer Scheibe Milchglas, dargestellt werden. Eine rechteckige Fläche hebt sich durch eine hellere Farbgebung von dem Rest des unscharfen Bildes ab. Durch klare Kanten, die an den Ecken gerundet sind, wirkt diese Fläche nun wiederum „scharf" und mutet an Eindruck wie eine dünne Folie. Die Fläche ist durch Linien, die etwas dunkler sind, in der Horizontalen in vier gleich große Teile gegliedert. In diesen, so entstandenen, kleineren Flächen stehen als Text die Befehle „Directions Home", „Mark my Location", „Send My Location" und „Search Nearby", daneben befinden sich die Piktogramme eines Hauses, einer Stecknadel, eines Quadrates, aus dem ein Pfeil heraus weist, und einer Lupe.

Abbildungsverzeichnis

Abbildung 1: https://web.achive.org/web/20100807083027/ht
tp://www.apple.com:80/ipad/features/notes.html
(01.07.2017).

Abbildung 2: https://www.inexhibit.com/wp-content/uploads
/2016/09/iPhone-calculator-Braun-ET66-comparison-1.jpg
(01.07.2017).

Abbildung 3: http://media.idownloadblog.com/wp-content/
uploads/2016/05/Reset-iOS-home-screen-layout.png
(17.06.2017).

Abbildung 4: https://www.apple.com/apple-music/
(17.06.2017).

Abbildung 5: https://web.archive.org/web/20150923023754/
http://www.apple.com:80/iphone-6s/3d-touch/
(17.06.2017).

Literaturverzeichnis

Barthes, Roland: Mythen des Alltags, Frankfurt am Main 1989.

Basalla, George: The Evolution of Technology, Cambridge 1988.

Bolter, Jay David/Grusin, Richard: Remediation: Understanding New Media, Cambridge (Mass.) 1999.

Brückner, Wolfgang: Überlegungen zur Magietheorie. Vom Zauber mit Bildern, in: Petzoldt, Leander (Hrsg.): Magie und Religion: Beiträge zu einer Theorie der Magie, Darmstadt 1978, S. 404-419.

Carr, Austin: Will Apple's Tacky Software-Design Philosophy Cause A Revolt? [09.11.2012], in: Fast Company, https://www.fastcodesign.com/1670760/will-apples-tacky-software-design-philosophy-cause-a-revolt (01.07.2017).

Demand, Christian: „What you care about": Anmerkungen zu einer Ästhetik des Glatten, in: Fischer, Rudolf/Tegethoff, Wolf (Hrsg.): Modern Wohnen. Möbeldesign und Wohnkultur der Moderne, Berlin 2016, S. 235-254.

Eco, Umberto: MS-Dos ist calvinistisch [01.03.1995], in: Der Spiegel, http://www.spiegel.de/spiegel/spiegelspecial/d-9157440.html (07.06.17).

Fischer, Volker: Der i-Kosmos. Macht, Mythos und Magie einer Marke, Stuttgart/London 2011.

Friedewald, Michael: Der Computer als Werkzeug und als Medium. Die geistigen und technischen Wurzeln des Personal Computers, Berlin/Diepholz 1999.

Gottschall, Edward M.: Typographic Communications Today, Cambridge (Mass.) 1989.

Grätz, Ina: Full Metal Jacket. Über das Material des Apple-Designs, in: Schulze, Sabine/Grätz, Ina (Hrsg.): Apple Design. Mit Beiträgen von Friedrich von Bories, Bernhard E. Bürdek, Ina Grätz, Harald Klinke, Bernd Poster, Henry Urbach, Thomas Wagner und Peter Zec, Ostfildern 2011, S. 76-87.

Greif, Sacha: Flat Pixels: The Battle Between Flat Design And Skeuomorphism [12.02.2013], http://sachagreif.com/flat-pixels/ (01.07.2017).

Hicketier, Knut: Medien/Material, in: Trebeß, Achim (Hrsg.): Metzler Lexikon Ästhetik, Stuttgart 2006. S. 251-254.

Hofmann, Werner: Von der Nachahmung zur Erfindung der Wirklichkeit: Die schöpferische Befreiung der Kunst 1890-1917, Köln 1970.

Hollis, Richard: Schweizer Grafik. Die Entwicklung eines internationalen Stils 1920-1965, Basel/Boston/Berlin 2006.

Hühn, Helmut: Perfektionismus, in: Ritter, Joachim/Gründer, Karlfried: Historisches Wörterbuch der Philosophie, 13 Bde., Basel 1989, Bd. 7, Sp. 244-246.

Jung, Werner: Von der Mimesis zur Simulation. Eine Einführung in die Geschichte der Ästhetik, Hamburg 1995.

Kay, Alan: The Reactive Engine, Utah 1969.

Kahney, Leander: Jony Ive. Das Apple-Design-Genie,
Kulmbach 2014. Klinke, Harald: Strategisches Design. Wie
Neues alt erscheint. Grundprinzipien der Produktgestaltung
bei Apple, in: Schulze, Sabine/Grätz, Ina (Hrsg.): Apple
Design. Mit Beiträgen von Friedrich von Bories, Bernhard E.
Bürdek, Ina Grätz, Harald Klinke, Bernd Poster, Henry
Urbach, Thomas Wagner und Peter Zec, Ostfildern 2011, S.
42-53.

Krishna, Golden: The Best Interface is No Interface, San
Francisco 2015.

Kuhn, Thomas S.: Die Struktur wissenschaftlicher Revolutionen,
Frankfurt am Main 2012.

Kruse, Christiane: Nach den Bildern. Das Phantasma des
„lebendigen Bildes" in Zeiten des Iconic Turn, in: Belting,
Hans (Hrsg.): Bilderfragen. Die Bildwissenschaften im
Aufbruch, München 2007, S. 165-180.

Loewy, Raymond: Never Leave Well Enough Alone, Baltimore
2002.

Locher, Hubert: Stil, in: Pfisterer, Ulrich (Hrsg.): Metzler
Lexikon Kunstwissenschaft, Stuttgart 2011, S. 414-418.

Manovich, Lev: The Language of New Media, Cambridge
(Mass.) 2001.

McLuhan, Marshall: Understanding Media. The extensions of
man, New York 1966.

Meggs, Philip B./Purvis, Alston W.: History of Graphic Design, Hoboken 2016.

Meyer, Kate: Flat Design: Its Origins, Its Problems, and Why Flat 2.0 Is Better for Users [27.09.2017], Nielsen Norman Group, https://www.nngroup.com/flat-design/ (26.06.2017).

Michalski, Ernst: Die Bedeutung der ästhetischen Grenze für die Methode der Kunstgeschichte. Mit einem Nachwort von Bernhard Kerber, Berlin 1996.

Norman, Don: The Design of Everyday Things, New York 2013.

Page, Tom: Skeuomorphism or flat design: future directions in mobile device user interface (UI) design education, In: International Journal of Mobile Learning and Organisation 8, Taiwan 2014, S. 130-142.

Paik, Nam June: Expanded Education for the Paperless Society, in: Magazine of the Institute of Contemporary Arts (6), London 1968.

Pflüger, Jörg: Konversation, Manipulation, Delegation: Zur Ideengeschichte der Interaktivität, in: Hellige, Hans Dieter (Hrsg.): Geschichten der Informatik. Visionen, Paradigmen, Leitmotive, Berlin/Heidelberg/New York 2004, S. 367-408.

Polster, Bernd: Kronberg Meets Cupertino. Was Braun und
Apple wirklich gemeinsam haben, in: Schulze, Sabine/Grätz,
Ina (Hrsg.): Apple Design. Mit Beiträgen von Friedrich von
Bories, Bernhard E. Bürdek, Ina Grätz, Harald Klinke, Bernd
Poster, Henry Urbach, Thomas Wagner und Peter Zec,
Ostfildern 2011, S. 64-75.

Porteck, Stefan/Sokolov, Daniel/Zota, Volker: Glass
durchschaut. Googles Datenbrille im Test: Nerd-Spielzeug
oder mobile Zukunft? In: c't. magazin für computer technik
(13) 2013.

Pratschke, Margarete: Interaktion mit Bildern. Digitale
Bildgeschichte am Beispiel grafischer Benutzeroberflächen,
in: Bredekamp, Horst: Das technische Bild: Kompendium zu
einer Stilgeschichte wissenschaftlicher Bilder, Berlin 2008,
S. 68-81.

Pratschke, Margarete: Die Architektur digitaler Bildlichkeit –
„overlapping windows" zwischen Displays und gebautem
Raum, in: Beyer, Andreas/Burioni, Matteo/Grave, Johannes:
Das Auge der Architektur. Zur Frage der Bildlichkeit in der
Baukunst, München 2011, S. 483-508.

Publius Ovidius Naso: Metamorphosen. Ins Deutsche übersetzt
von Michael von Albrecht, München 1998.

Raff, Thomas: Die Sprache der Materialien. Anleitung zu einer
Ikonologie der Werkstoffe, Münster/New York/München/
Berlin 2008.

Holzhey, Helmut/Jeck, Udo Reinhold/Mahoney, Edward P./Mojsisch, Burkhard/Pluta, Olaf/Ricken, Friedo/Scheerer, Eckardt: Seele, in: Ritter, Joachim/Gründer, Karlfried: Historisches Wörterbuch der Philosophie, 13 Bde., Basel 1989, Bd. 9, Sp. 1-89.

Riegl, Alois: Stilfragen. Grundlegung zu einer Geschichte der Ornamentik, München 1985.

Rossberg, Ralf Roman: Geschichte der Eisenbahn, Ostfildern 1977.

Rübel, Dietmar/Wagner, Monika/Wolff, Vera: Materialästhetik. Quellentexte zu Kunst, Design und Architektur, Berlin 2005.

Scheerer, Eckardt: Die Sinne, in: Ritter, Joachim/Gründer, Karlfried: Historisches Wörterbuch der Philosophie, 13 Bde., Basel 1989, Bd. 9, Sp. 824-869.

Schlender, Brent/Tetzeli, Rick: Becoming Steve Jobs. Vom Abenteurer zum Visionär, München 2015.

Semler, Jan: App-Design. Alles zur Gestaltung, Usability und User Experience, Bonn 2016.

Semper, Gottfried: Der Stil in den technischen und tektonischen Künsten oder praktische Ästhetik, 2 Bde., Mittenwald 1977, Bd. 1: Die textile Kunst.

Stamm, Lars: Google Glass: Das digitale Bild im Blick, in: Klinke, Harald/Stamm, Lars (Hrsg.): Bilder der Gegenwart. Aspekte und Perspektiven des digitalen Wandels, Göttingen 2013, S. 57-81.

Sutherland, Ivan Edward: Sketchpad: A man-machine graphical communication system. New preface by Alan Blackwell and Kerry Rodden, Cambridge (Mass.) 2003.

Swade, Doron: Preserving Software in an Object-Centered Culture, in: Higgs, Edward (Hrsg.): History and Electronic Artifacts, Oxford 1998, S.195-206.

Trempler, Jörg: Bild/Bildlichkeit/Bildwissenschaft, in: Trebeß, Achim (Hrsg.): Metzler Lexikon Ästhetik, Stuttgart 2006, S. 63-66.

Wagner, Thomas: Think different. Der Nutzer und seine Lieblinge: von Äpfeln, Maschinen, Oberflächen, Magie under der Macht des Designs, in: Schulze, Sabine/Grätz, Ina (Hrsg.): Apple Design. Mit Beiträgen von Friedrich von Bories, Bernhard E. Bürdek, Ina Grätz, Harald Klinke, Bernd Poster, Henry Urbach, Thomas Wagner und Peter Zec, Ostfildern 2011, S. 28-41.

Wölfflin, Heinrich: Kunstgeschichtliche Grundbegriffe. Das Problem der Stilentwicklung in der neueren Kunst, Basel/Stuttgart 1984.

Wolf, Gerhard: Bildmagie, in: Pfisterer, Ulrich: (Hrsg.): Metzler Lexikon Kunstwissenschaft. Ideen, Methoden, Begriffe, Stuttgart 2011, S 64-72.

Zimmermann, Anja: Realismus, in: Pfisterer, Ulrich (Hrsg.): Metzler Lexikon Kunstwissenschaft, Stuttgart 2011, S. 370-373.

Stichwortverzeichnis